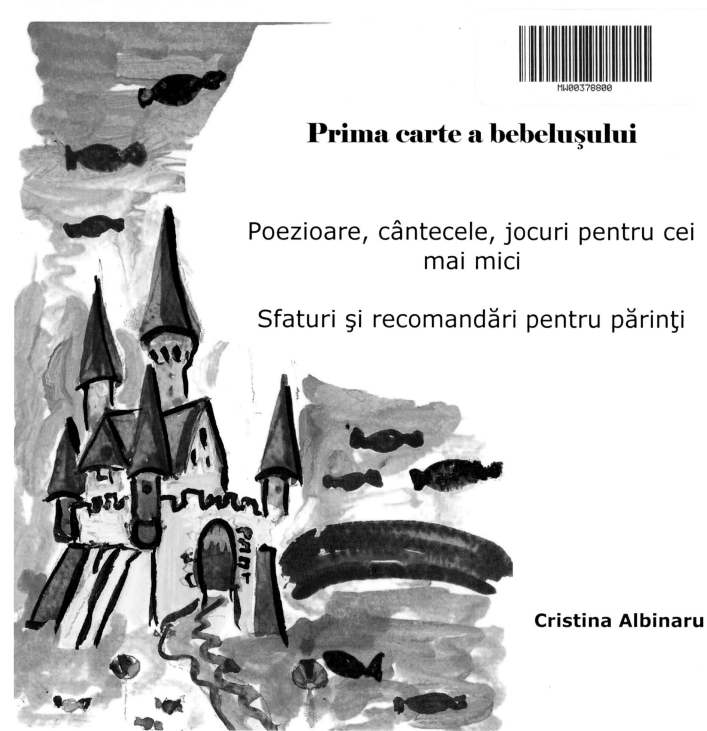

Prima carte a bebeluşului

Poezioare, cântecele, jocuri pentru cei mai mici

Sfaturi şi recomandări pentru părinţi

Cristina Albinaru

Prima carte a bebeluşului

ISBN: 978-1499732863

Dragi părinţi şi bunici,

Am incercat să comunic cu fetiţa mea încă de înainte de a se naşte, însă cea mai mare provocare a apărut imediat ce am ţinut-o în braţe şi nu ştiam ce să îi spun.

Cu greu mi-am adus aminte poezioare simple din copilărie şi cântecele care pur şi simplu îi luminau faţa cu un zâmbet. Nu am găsit cărţi decât cu conţinut destul de complicat pentru un copil care abia începe să gângurească, iar restul surselor au apărut pe parcurs (copii ai prietenilor, gradiniţă etc.)

M-am gândit că sunt mulţi părinţi care trec prin aceeaşi dificultate. Prima poezioară, primul mini-joc, primul cântecel gângurit de copil sunt magice şi de aceea am strâns în această carticică primele poezii, cântece şi jocuri din viaţa fetiţei mele alintata Ini, la care am adugat poezii create de mine.

Sper ca această carticică să vă ajute şi vă urez să vă bucuraţi de fiecare cuvânt, cântecel şi poezie rostite de noii membri din familia voastră.

Cu drag,
Cristina Albinaru

Bate vantul frunzele

Bate vântul frunzele,
Se-nvârtesc moriştile,
Rândunica pe sus zboară,
Iar eu trag zmeul de sfoară.

Mama la placinte face,
Bunicuţa lână toarce,
Tata trage la rindea,
Iar eu bat din palme-aşa.

Moşul taie lemnele,
Eu adun surcelele,
O fetiţă dă la pui,
Iar eu în copac mă sui.

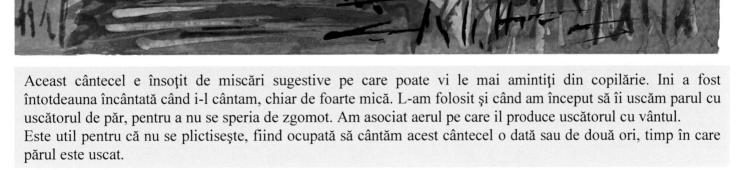

Aceast cântecel e însoţit de miscări sugestive pe care poate vi le mai amintiţi din copilărie. Ini a fost întotdeauna încântată când i-l cântam, chiar de foarte mică. L-am folosit şi când am început să îi uscăm parul cu uscătorul de păr, pentru a nu se speria de zgomot. Am asociat aerul pe care il produce uscătorul cu vântul.
Este util pentru că nu se plictiseşte, fiind ocupată să cântăm acest cântecel o dată sau de două ori, timp în care părul este uscat.

Vine melcul

Vine melcul suparat,
O furnică l-a pişcat
Şi cum vine pâş, pâş, pâş
Intâlneşte-un cărăbuş.

Şi din gură el striga:
Fugi de-aicea nu mai sta!
Dă-te-ncolo nu sta-n drum,
Ca te iau în coarne-acum.

Acesta este primul cântecel pe care l-a invăţat Ini şi l-a putut cânta "cu cuvintele ei" de la început până la sfârşit, cu miscări sugestive, de teatru (imitarea melcului cum merge, punerea degetelor arătătoare la frunte ca două corniţe la ultimul vers)

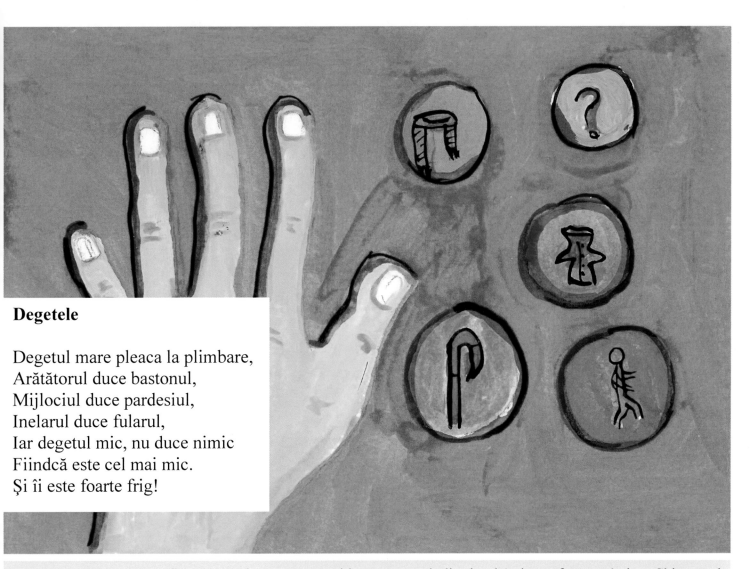

Degetele

Degetul mare pleaca la plimbare,
Arătătorul duce bastonul,
Mijlociul duce pardesiul,
Inelarul duce fularul,
Iar degetul mic, nu duce nimic
Fiindcă este cel mai mic.
Şi îi este foarte frig!

Această poezioară poate fi oarecum şi cântată (puteti inventa o melodie simplă) şi transformată în joc. Chiar cand bebeluşul este foarte mic, vă puteţi juca în momentele când e activ, ţinându-l de degetul corespunzător şi mişcându-l uşor în timp ce îi cântaţi.
Noi folosim această poezie-joc atunci când tăiem unghiuţele, pentru că nu mai e speriată de ce se întâmplă şi se concentrează la melodie şi la degetele. In plus, a învăţat foarte uşor cum se numesc degetele.

Alunelu hai la joc

Alunelu, alunelu, hai la joc
Să ne fie, să ne fie cu noroc.
Cine-n horă o sa joace,
Mare, mare, se va face!
Cine n-o juca de fel,
Să rămână mititel!

Puteţi prinde mânuţele copilului încă de când este mititel şi să le mişcaţi asemeni unei hore. Când spuneţi "mare, mare" ridicaţi mânuţele, când spuneţi "mititel" lăsaţi-le încet în jos. Când copilul e mai mare puteţi organiza o horă cu membrii familiei, sau alţi copii, iar la final vă puteţi lăsa toţi jos. O să fie încântat!

Ma, ne, mi

Ma, ne, mi!
Tinca-patinca-pitulaa,
Cri, cri, crii,
Cra, cra, craa,

Tinca-patinca-pitulaa,
Să rămâi aşa!

Este un joculeţ de coordonare a mişcărilor mâinilor pe melodie. La final, participanţii rămân într-o poziţie fără să se mişte mai multe secunde. Va fi amuzant să vedeţi cine cedează primul.

Cantecel de mişcare

Un', doi, un', doi
Faceţi toţi la fel ca noi
C-aşa facem noi cei mici,
Sănătoşi, voioşi, voinici!

Folisiţi cântecelul ca un marş jucăuş atunci când îi faceţi bebeluşului gimnastica după băiţă, jucându-vă ritmat cu mânuţele (unindu-le şi despărţindu-le) sau cu picioruşele. Încercaţi să îi atingeţi năsucul sau un obrăjor cu mânuţa sau cu picioruşul şi se va amuza. Când copilul e mai mare, puteţi face gimnastică împreună, sau abdomene cu copilul ţinându-vă de picioare.

Iepuraş drăgălaş

Iepuraş, drăgălaş,
A fugit peste imas
Şi s-a dus colo sus,
Într-o tufă s-a ascuns.

Dar Codău, câine rău
L-a gonit din cuibul său
Şi-a plecat supărat
Jos în codru-ntunecat.

Drag mi-e jocul românesc

Drag mi-e jocul românesc,
Dar nu ştiu cum să-l pornesc.
Hei-hei, tra-la-la,
Tra-la-la-la-la-la-la.

Bine de nu l-oi porni,
Eu ruşine oi păţi.
Hei, hei, tra-la-la,
Tra-la-la-la-la-la-la.

Nu te uita la cojoc,
Ci te uită cum mai joc.
Hei, hei, tra-la-la,
Tra-la-la-la-la-la-la.

Vulpea păcălită

Vulpea cât e de şireată,
S-a-nşelat şi ea o dată.
C-a furat dintr-o grădină
Un cocoş de plastilină.
Ha, ha, ha,
Ha, ha, ha.
Râde Moş-Martin de ea!

Moş Nicolae

Moşul trece, nu se-arată,
El vine din poartă-n poartă.
La copiii cei cuminţi
Şi cu ghetele curate,
Lasă Moşul câte-o carte.
Câte-un tren sau o papuşă
Lasă-n ghete pe la uşă.
Şi mai lasă câte-un băţ
La vreun copil sugubăţ.

Castelul de ciocolată

Cic'a fost demult, odată,
Un castel de ciocolată.
La ferestre şi balcoane
Stăteau coşuri cu bomboane.

Şi o zână-i tot chema
Pe copiii cei cuminţi,
Care-ascultă de părinţi
Pentru a se ospăta.

Iar pe cei neascultători,
Care plâng şi nu-s cuminţi,
Ea deloc nu îi chema
Şi într-una îi gonea.

Azi pisica mea e tristă

Azi pisica mea e tristă
Că nu are o batistă
Să-şi şteargă cu ea mustaţa
Că i-a murdărit-o raţa.
Pisicuţo, stai niţel
Să-ţi aduc un prosopel!
Dar până mă-ntorc cu el
Să ai grijă de şoricel!

Am o casă mititică

Am o casă mititică,
Aaaaşa, aaaşa *(si se arata o casuta)*
Din micuţa-i sobă
Fumul se ridică
Aaaaşa, aaaşa *(si se arata cum se ridica fumul)*
Am şi-o gradiniţă la intrarea ei,
Cu o fântâniţă şi trei copăcei.
Tra la la, tra la la,
Totu-i mititel în căsuţa mea.

Morcovelul cu codiţă

Morcovelul cu codiţă
A crescut în grădiniţă,
Iar mămica l-a luat,
L-a spălat, l-a curăţat
Şi în ciorbă l-a tocat.
Toc, toc, toc,
Ciorba e pe foc.
Bună şi gustoasă,
Veniţi copii la masă!

Sfatul animalelor
(folosiţi gesturi pentru a fi mai amuzant pentru copii)

Lângă un lac au stat
Animalele la sfat. (bis)
Ele-n apă se priveau
Şi grozav se mai mirau. (bis)

Vulpea zise-aşa:
"Ce stufoasă-i coada mea!"
(bis)

Ursul mormăi:
"Priviţi blana mea copii!" (bis)

Iepuraşul zise atunci:
"Am urechi grozav de
lungi!"(bis)

Dar şi noi suntem voioşi
Că suntem copii frumoşi! (bis)

Puişorii pufoşi

Cip, cirip pe-o creangă mică
Ciripeşte-o rândunică.
Mâncărică le-a adus
Puilor din cuib de sus.

Cum să facă să împartă
Râma lungă şi buclată?
Să îi numere nu-i greu,
Pot să o ajut şi eu

1, 2, 3, 4, 5

Sunt 5 puişori pufoşi,
La masă nu-s mofturoşi.
Poftă bună, dragii mei!
Multumim frumos, spun ei!

Pisoiaşul Curcubeu

Pisoiaşul Curcubeu
Este prietenul meu.
Toata ziua ne jucăm,
Ne-alintăm şi alergăm.

E felina adevarată,
Prinde şoricei îndată.
Îi suceşte cu lăbuţa
Şi îi aleargă fuguţa.

Eu să ne jucăm îl chem,
El se-aşează-n braţe ghem.
Tare-i place mângâiatul,
Toarce vesel, răsfăţatul.

Grijă mare am cu el,
Că şi zgârie niţel.
Nu îi place când de drag
De codiţă vreau sa-l trag.

Şi de uit să-l iau în casă,
El miaună, nu se lasă.
La sobă s-ar cuibări
Şi mereu ar moţai.

Iarna

Iată că afară-a nins
Şi zapada cea pufoasă
Ne aşteaptă bucuroasă
Ne invită iar la joaca.

Ne-mbracăm cu haine groase,
Doar năsucul se mai vede.
Cu mănuşi şi cu fulare,
Nu mai e răsfăţ la soare!

Saniuţe sau patine,
Ski sau bulgări de zăpadă,
Iarna are jocuri multe,
Bucuroşi vrea să ne vadă.

Made in United States
North Haven, CT
31 January 2022

15444826R00015